Illustrations documentaires des pages 8-21 : Anne Eydoux
Illustration des pages 26-27 : Jean-Marc Pau
Illustrations des pages 28-29 : Christophe Merlin
Encadré : Miguel Larzillière

Conforme à la loi n° 49.956 du 16 juillet 1949
sur les publications destinées à la jeunesse.
© Éditions Nathan/HER (Paris-France), 1999
© Éditions Nathan, 2006 pour la présente édition
N° d'éditeur : 10127493
Dépôt légal : mars 2006
Impression et reliure : Pollina S.A., Luçon – n°L99186A
ISBN : 2-09-251018-5

Animalou

L'ÉLÉPHANT

Texte de Mymi Doinet
Illustrations de Valérie Stetten

Nathan

Dans les hautes herbes de la savane, Boubacar balance sa trompe de tous les côtés. Ce nez qui pend est bien encombrant, il ne faut pas marcher dessus !

L'éléphanteau suit pas à pas une géante...

C'est sa maman. Elle suit, elle aussi, Mamibary, la sage grand-mère éléphante, chef du troupeau.

Boubacar a chaud, Boubacar a soif ! Sa maman le pousse doucement avec sa trompe jusqu'à sa mamelle. Quel glouton ! Boubacar tète plusieurs litres. Puis il s'endort contre sa géante maman, comme à l'ombre d'un grand parasol.

9

Dans la savane, les éléphanteaux et leurs mères suivent à la queue leu leu la femelle éléphante la plus âgée. Tout le troupeau lui obéit !

L'éléphant est un mammifère comme le cheval, le singe et le dauphin. L'éléphante allaite son petit pendant 2 ans.

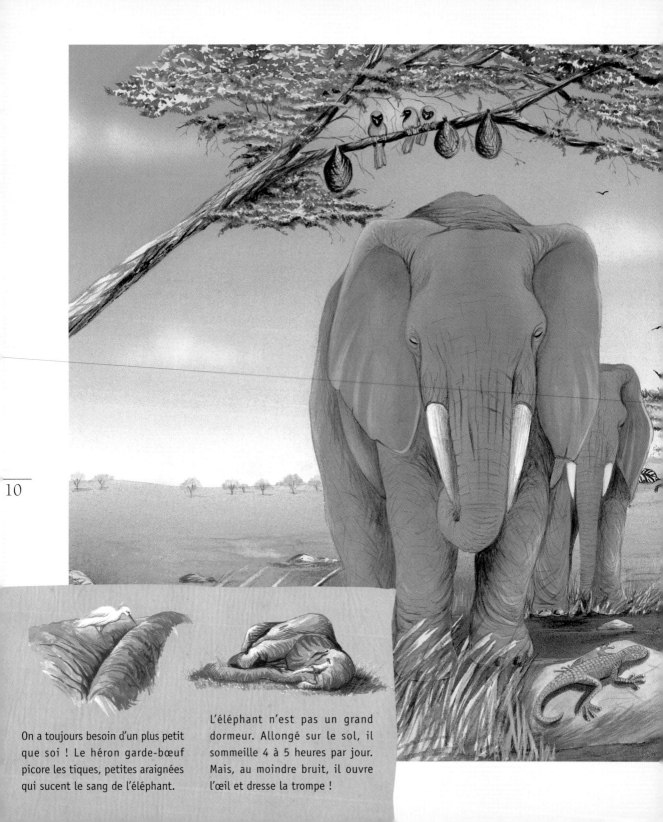

On a toujours besoin d'un plus petit que soi ! Le héron garde-bœuf picore les tiques, petites araignées qui sucent le sang de l'éléphant.

L'éléphant n'est pas un grand dormeur. Allongé sur le sol, il sommeille 4 à 5 heures par jour. Mais, au moindre bruit, il ouvre l'œil et dresse la trompe !

Finie la sieste ! Qui ose chatouiller le dos de Boubacar à coups de bec ? C'est Paco, le héron garde-bœuf !

Soudain, l'oiseau s'envole.

– Ne pars pas si vite ! barrit tout bas Boubacar.

Le petit curieux se lève sans bruit. Chut ! Il ne faut surtout pas réveiller le troupeau.

Boubacar essaie de rattraper Paco. Ses lourdes pattes s'enfoncent dans la terre et le soleil brûle sa peau. Ah, si seulement il pouvait voler, léger comme Paco ! Encore un petit effort, une rivière coule tout près. Boubacar plonge dans l'eau fraîche. Il arrose même Paco qui s'était posé sur son dos !

Pour faire sa toilette, l'éléphant aspire l'eau avec sa trompe, puis la rejette en grosse pluie sur son dos. Pour respirer sous l'eau, sa trompe lui sert de tuba !

L'éléphant a besoin de boire 100 litres d'eau par jour. Quand il ne pleut pas, pendant la saison sèche, il parcourt des kilomètres pour trouver de l'eau.

L'éléphant prend des bains de boue. En séchant, la gadoue forme une carapace qui protège sa peau des insectes et des parasites.

Dans la savane, les bébés éléphanteaux sont parfois attaqués par les lions, les panthères, les hyènes ou les crocodiles.

Boubacar secoue ses oreilles puis, plouf ! il se roule dans la boue. Du coup, Boubacar n'est plus gris, mais marron comme un énorme éléphant en chocolat !

Pendant que l'éléphanteau patauge dans la gadoue, un dévoreur le guette. Son dos ressemble à un rocher au milieu de la rivière. Boubacar ne l'a pas vu...

C'est Crococrok, le crocodile.

Il ne craint rien, les défenses de l'éléphanteau sont bien trop minuscules pour lui donner des coups d'épée.

Au bord de la rivière, Boubacar fait un festin de feuilles, sans se rendre compte du danger... Encore un pas, et Crococrok n'aura qu'à ouvrir ses mâchoires, pour croquer tout cru l'éléphanteau.

À la naissance, l'éléphanteau a des petites défenses qui tombent quand il a 3 mois. Ensuite, elles repoussent pour atteindre 3 mètres de long !

L'éléphant ne mange pas de viande. C'est un herbivore. Il se régale chaque jour de 200 kilos de feuilles, d'herbe, de fruits...

Pour donner l'alerte, la grand-mère barrit. Son cri résonne si fort que les éléphants accourent par dizaines près d'elle.

Les éléphants ont une très bonne mémoire. Les plus âgés d'entre eux connaissent tous les chemins de la savane.

18

De son côté, Mamibary cherche Boubacar partout.

– Boubacar a disparu, il est sûrement parti se baigner dans la rivière aux crocodiles. Il est en grand danger !

Aussitôt, Mamibary donne l'alerte : elle pousse un barrissement qui retentit comme le tonnerre. Tous les éléphants la rejoignent.

Les mères, les tantes et la grand-mère câlinent à tour de rôle les éléphanteaux. Elles les caressent du bout de la trompe.

Lorsque l'éléphant charge ses ennemis, il court droit sur eux à la vitesse de 40 kilomètres par heure en martelant le sol et en barrissant.

Suivie par le troupeau, Mamibary court vers la rivière. Effrayé, Crococrok disparaît dans les eaux boueuses. Mamibary se penche sur Boubacar pour le câliner :

– Petit fugueur, tu as failli être croqué de la trompe aux pattes !

Depuis, Boubacar marche dans les pas de Mamibary. Il tient la queue de sa maman, de toute la force de sa petite trompe !

QUI EST L'ÉLÉPHANT D'AFRIQUE ?

L'éléphante d'Afrique porte son petit dans son ventre pendant presque 2 ans ! À la naissance, un éléphanteau comme Boubacar pèse 100 kilos, le poids de 5 enfants de 6 ans !

À 12 ans, l'éléphant mâle quitte sa maman et les femelles du troupeau pour rejoindre ses grands frères. Les éléphants mâles vivent à distance, en groupes de 2 ou 3.

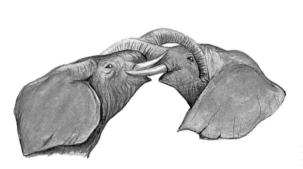

Le mâle reviendra parmi les femelles pour trouver une belle ! Les amoureux se font des caresses du bout de la trompe.

L'éléphant a beaucoup de mémoire ! En période de sécheresse, il se souvient des endroits où il peut trouver à boire.

Les éléphants s'entraident. Lorsque l'un d'eux est blessé, tout le troupeau s'occupe du malade pour le soigner !

À 60 ans, l'éléphant est vieux. Ses dents arrêtent de pousser. Il ne peut plus mastiquer les écorces et les buissons.
Il se laisse alors mourir de faim...

Les défenses de l'éléphant sont en ivoire. Avec cette matière précieuse, semblable à celle de tes dents, on fabrique des bijoux et des peignes... Certains chasseurs n'hésitent pas à tuer les éléphants pour vendre leurs défenses. Les éléphants ont ainsi failli disparaître pour toujours.

GROS PLAN SUR L'ÉLÉPHANT

**Adulte, l'éléphant d'Afrique mesure 3,50 mètres :
il est aussi haut que le premier étage d'une maison !**

Sa peau toute ridée semble dure
comme de l'écorce, mais elle est fragile.
Pour la débarrasser des taons
et des mouches tsé-tsé, l'éléphant
projette souvent dessus un nuage
de terre sèche !

Avec sa queue en forme de plumeau,
il chasse les mouches !

Sous son poids, ses pattes ne s'écroulent pas !
Entre les doigts de ses pieds, il y a des coussins
élastiques. L'éléphant s'appuie dessus, comme
sur les pneus d'une caravane !

Il pèse 6 tonnes,
autant que 6 grosses voitures !

Ses oreilles sont immenses.
Pour se rafraîchir, l'éléphant les agite.
Quand il est en colère, il les écarte
pour effrayer son adversaire !

Ses défenses poussent sans arrêt.
Mais l'éléphant les use vite :
elles lui servent de hache pour couper
les branches, de pioche pour déterrer
les délicieuses racines ou pour creuser
des puits. Les jours de combat,
elles deviennent des épées !

Sa trompe lui sert pour respirer et pour boire !
Elle peut aussi bien saisir une petite fleur que
soulever un tronc. Les éléphanteaux la sucent
parfois comme un pouce.

LES COUSINS

Boubacar fait partie de la famille des éléphants d'Afrique. L'éléphant d'Afrique est le plus lourd de tous les animaux terrestres.

Le mammouth, aujourd'hui disparu, était un des anciens cousins de l'éléphant. À cette époque, les glaces recouvraient le sol, été comme hiver.

L'éléphant de forêt pèse seulement... 4 tonnes ! Il vit caché dans la jungle humide d'Afrique.

L'éléphant d'Asie vit dans les forêts en Thaïlande et en Inde. Ses oreilles sont moins larges. Son front est bombé, comme s'il s'était cogné ! Seuls certains mâles ont des défenses. La femelle n'en a pas du tout.

L'éléphant d'Asie a été domestiqué par l'homme. Les jours de fête, les éléphants défilent vêtus de soie brodée d'or.

Le daman est un petit mammifère herbivore qui ressemble à une marmotte. Pourtant, c'est un lointain cousin de l'éléphant. Les Africains le surnomment « petit frère de l'éléphant » !

JEU DE PISTE

Amuse-toi à suivre le parcours en répondant aux questions.

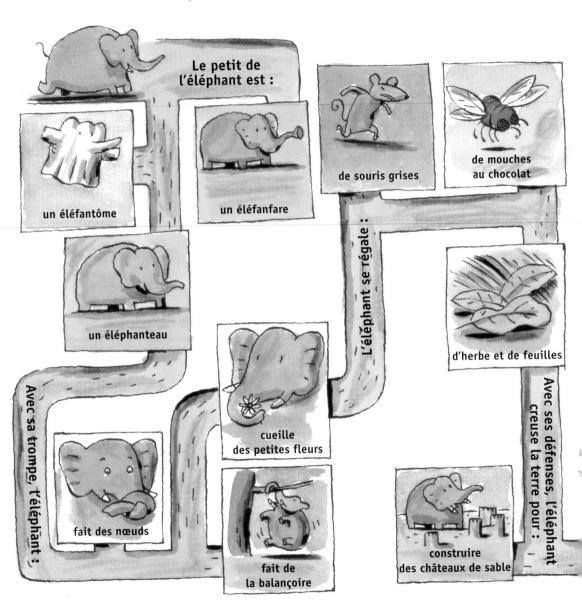

Le petit de l'éléphant est :

de souris grises

de mouches au chocolat

un éléfantôme

un éléfanfare

un éléphanteau

L'éléphant se régale :

d'herbe et de feuilles

Avec sa trompe, l'éléphant :

cueille des petites fleurs

fait des nœuds

fait de la balançoire

Avec ses défenses, l'éléphant creuse la terre pour :

construire des châteaux de sable

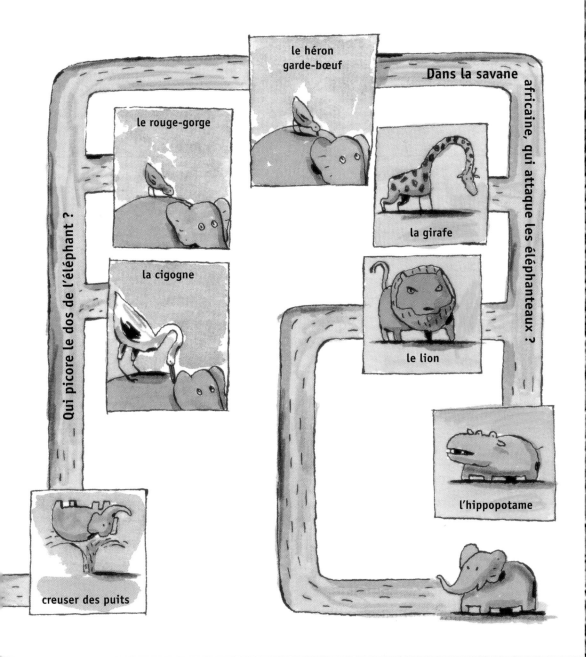

le héron garde-bœuf

le rouge-gorge

Dans la savane africaine, qui attaque les éléphanteaux ?

la girafe

Qui picore le dos de l'éléphant ?

la cigogne

le lion

l'hippopotame

creuser des puits